हनुमान बाहुक

सुधाश्री

Made with ❤ on the Notion Press Platform
www.notionpress.com

हनुमान बाहुक

सुधाश्री

हनुमान बाहुक एक पवित्र हिंदू पाठ है जो भगवान हनुमान को समर्पित है, जो हिंदू धर्म में एक श्रद्धेय देवता हैं जो अपनी भक्ति, शक्ति और वफादारी के लिए जाने जाते हैं। "बहुक" का अर्थ संस्कृत में "कई चीजों का संग्रह" या "कई छंद" है। हनुमान बाहुक में चालीस छंद (या चौपाई) हैं जो भगवान हनुमान की स्तुति में रचित हैं।

माना जाता है कि हनुमान बाहुक 16 वीं शताब्दी के दौरान प्रसिद्ध हिंदू महाकाव्य रामचरितमानस के लेखक संत तुलसीदास द्वारा लिखा गया था। यह अक्सर हनुमान की मांग करने वाले भक्तों द्वारा सुनाया जाता है ।

भक्त विश्वास और भक्ति के साथ हनुमान बाहुक का पाठ करते हैं, यह मानते हुए कि इसमें शारीरिक और मानसिक कष्टों को कम करने और शांति और कल्याण लाने की शक्ति है। यह आमतौर पर मंगलवार या शनिवार को पढ़ा जाता है, जिसे हिंदू परंपरा में भगवान हनुमान को समर्पित शुभ दिन माना जाता है।

जय श्री राम

बजरंगबली हनुमान , बजरंगबली हनुमान ,

सूर्य जैसा लाल तेज तुम्हारा। सूर्य के जैसे ही रंग लाल ।

भुज विशाल टेढ़ी भोयें बज्र शरीर , और हैं बहुत विशाल,

रुद्रवेश में मूर्ति तुम्हारी , लगती है काल का काल ।

तेरे हम बलिहारी , तेरे हम बलिहारी

लांघ सिंधु को दूर किया सीता माँ का शोक

जो आते हैं शरण तेरी , उनके दूर होते रोग।।

संकट दूर भाग जाए

जो ले तेरा नाम हनुमान

हनुमान हनुमान हनुमान

स्वर्ण शैल जैसा सुनेहरा तन तुम्हारा ,

और भुजाएं बड़ी विशाल केश भूरे , बज्र शरीर और पूँछ भी
कठोर ।

तुलसी के पवनसुत जैसा नहीं कोई बलवान हनुमान ,

हनुमान हनुमान

तेरे हम बलिहारी ,तेरे हम बलिहारी , तेरे हम बलिहारी

उनकी भोएं क्या दांत क्या जीब , मुख से करते दुष्टों का नाश ,

तेजस्वी हैं बलवीर , सुखों की खान ।

हनुमान हनुमान हनुमान

परशुराम कार्तिक जी , शिवजी मोहन महाजन,

पर सबके सामने डटे रहे वीर निडर हनुमान ।

सबको सुख देते हैं शिव अवतार हनुमान

हनुमान हनुमान हनुमान

शिक्षा हेतु सूर्य को किये हैरान , चंचल बालक के सामान ,

मुँह रखा सूर्य की और , पीठ के पीछे पाँव ।

खेल खेल में ले ली शिक्षा सब हुए हैरान हनुमान

हनुमान हनुमान हनुमान

राम जी गुणगान करें , वेद भी महिमा का गान,

अंजनी के पुत्र पवनसुत , वो वीर बलवान ।

ज्ञानी हैं गुणवान हैं , परम हैं हितकारी हनुमान

तेरे हम बलिहारी ,तेरे हम बलिहारी,तेरे हम बलिहारी,

रथ पताका अर्जुन की और , उसपे आप विराजमान,

आपकी गर्जन से हिला दुर्योधन का अभीमान ।

सत्य है की एक बार में ही गए थे समुद्र लांघ हनुमान

हनुमान, हनुमान, हनुमान

तेरे हम बलिहारी ,तेरे हम बलिहारी,तेरे हम बलिहारी

मेघनाथ, कुम्भकरण और रावण का तोडा अभिमान

सहस होये और बल सब हैं सिंह के सामान।।

लंका जैसे रावण नगरी कर दी भस्म तमाम।

हनुमान, हनुमान, हनुमान

तेरे हम बलिहारी ,तेरे हम बलिहारी,तेरे हम बलिहारी

क्षति लगी लक्ष्मण तो शोक छाया सब और,

राम दूत द्रोणाचल को दौड़ गए यह हाथ लाये संजीवनी गेंद के सामान ।

पाप दोष को हरने वाले , शरणागत की रक्षा करें हनुमान

हनुमान, हनुमान, हनुमान

तेरे हम बलिहारी ,तेरे हम बलिहारी,तेरे हम बलिहारी

लोकपाल दिए सहारा , स्वर्ण में बसाया मेघनाथ ,

कुम्भकरण को प्रताप दिखाया ,

राण समूह में सब भय खाते पराक्रम है महान ।

हनुमान हनुईम हनुमान हनुमान

तेरे हम बलिहारी ,तेरे हम बलिहारी,तेरे हम बलिहारी

मरने को मृत्यु, अमृत से जीवन दान ,

अग्नि सोखने के लिए , सूर्य चंद्र करते हैं पोषण का काम ।

तीनो लोक के कष्ट मिटाते करते कल्याण हनुमान

हनुमान हनुमान हनुमान हनुमान

तेरे हम बलिहारी ,तेरे हम बलिहारी,तेरे हम बलिहारी,

जिनके हृदय में प्रीत तुम्हारी , श्री राम जी को अति प्यार ।

शिवजी प्रसन्न उसपे , देवी देवता को मिले वरदान

कार्य सिद्ध होते उसके ,फिर चाहे वह कोई धाम हनुमान

हनुमान हनुमान हनुमान

तेरे हम बलिहारी ,तेरे हम बलिहारी,तेरे हम बलिहारी

तुलसी तो महाराज एक मात्र दास आपका उसको,

अर्थ, काम मोक्ष देते आप, लोक रीती का ज्ञान हनुमान ।

संकर के स्वरुप है पीछे चलते आप आगे श्री राम हनुमान

हनुमान हनुमान हनुमान हनुमान

तेरे हम बलिहारी ,तेरे हम बलिहारी,तेरे हम बलिहारी

लगता है तुलसी की ओर घट गया है ध्यान आपका,

दुष्ट है प्रसन्न है , क्रुपा आपकी हो रही है हर धाम ।

हनुमान हनुमान हनुमान हनुमान

तेरे हम बलिहारी ,तेरे हम बलिहारी,तेरे हम बलिहारी

ज्ञान शिरोमणि आप हैं , मुझसे क्यों रूठे मेरे स्वामी,

मैंने क्या बिगाड़ा किसीका क्या शेष है मुझमें ।

मुझसे न रूठो मेरे स्वामी , मेरे दोष मिटाओ करो कल्याण

हनुमान हनुमान हनुमान हनुमान

तेरे हम बलिहारी ,तेरे हम बलिहारी,तेरे हम बलिहारी

जिनको आप बसाये उनको कौन उजाड़े,

नाम लेने से ही मिटे संकट मकड़ी के जले के समान ।

आप बूढ़े हो गए या थक गए बोलो दीनानाथ हनुमान

तेरे हम बलिहारी ,तेरे हम बलिहारी ,तेरे हम बलिहारी ,तेरे हम
बलिहारी

मरण हो रहा है मुझ चिड़िया का मुझ दीन का ,

बालकों का खेल बन गया है मज़ा सबका

शाप या पाप के कारण बढ़ती पीड़ा तमाम हनुमान ।

तेरे हम बलिहारी ,तेरे हम बलिहारी ,तेरे हम बलिहारी ,तेरे हम
बलिहारी

राम जी के दूत पवन देव के पुत्र आप,

आप है आश्रम दाता यशस्वी हैं आप ।

तुलसी के ऊपर न कृपा न प्रभाव हनुमान हनुमान

समर्थ स्वामी के कृपा पात्र , फिर भी तुलसी को कष्ट ,

मन कर्मण वचन से सेवक हूँ आपका, फिर क्यों कष्ट ।

मेरे कुकर्म नष्ट करो मेरे दोषों को नष्ट करो

तेरे हम बलिहारी ,तेरे हम बलिहारी ,तेरे हम बलिहारी ,तेरे हम
बलिहारी

देवी देवता मानव दैत्य मुनि, सिद्ध राम को ही जाने ,

पूतना पिशाचिनी कुटिल भी उनका नाम जाने ।

बड़े बड़े मंत्र अभिचार आपसे ही जाते भाग हनुमान

तेरे हम बलिहारी ,तेरे हम बलिहारी ,तेरे हम बलिहारी ,तेरे हम बलिहारी

सेवक का दुःख सहे आप , भूल मेरी क्षमा ,

आपके टुकड़ों पे पला , पथ भ्रष्ट, दो कौड़ी का कल्याण करें ।

आपकी प्रतिष्ठा कितनी महान है , आप गुनी हनुमान

हनुमान हनुमान हनुमान हनुमान

तेरे हम बलिहारी ,तेरे हम बलिहारी,तेरे हम बलिहारी

भोले नाथ मुझसे न रूठो मेरी ओर पालन करो

तुलसी स्पर्श से निरोग करो , करो प्रेम हनुमान

हनुमान हनुमान हनुमान हनुमान

तेरे हम बलिहारी ,तेरे हम बलिहारी,तेरे हम बलिहारी

मेरे रोग मेरी दुर्दशा , बिना अपराध के मैं।

आपने हस के विपदा को ललकारा

पीड़ा से मैं मुक्त हुआ

श्रेष्ठ सेवक काम अनुग्रह करने वाले हनुमान

हनुमान हनुमान हनुमान हनुमान

तेरे हम बलिहारी ,तेरे हम बलिहारी,तेरे हम बलिहारी

अब तुलसीदास ठीक हो गए फिर थोड़े दिन बाद उन्हें फिर पीड़ा
हुई उन्होंने फिर प्रार्थना करि और अंत में स्वस्थ हो गए

राऔरम केसमानपालनकरतेआप,

तुलसीकेपौधेकोआपलगाए।

मुरझानजाएं

रामजीकेअग्रणीदूत,दोसहारादयाकरो

तेरेहमबलिहारी ,तेरेहमबलिहारी,तेरेहमबलिहारी

मैंलूलादुर्बलहूँआपकोपुकारालाजरखो ,

कर्मोंकाफलहैयावायुप्रकोपमेरीबांहपकड़ा।

जर्जरशरीरमेरीबांहक्याजिस्मक्यालाजरखोहनुमान

तेरेहमबलिहारी ,तेरेहमबलिहारी,तेरेहमबलिहारी

बाल्यअवस्थामेंहीबिनामोलबिकाआपका ,

ललाटपररामजीकीशरणमिलगयीथी ।

रामजीनेसुधारकिया,बनायातुलसीगोस्वामी

तेरेहमबलिहारी ,तेरेहमबलिहारी,तेरेहमबलिहारी

बुरेदिनोंमेंभूलगयारामउसीकाहीफलहै ,

बाहुपीड़ा , शरीरपीड़ासतारहीहैबढ़रहीहै ।

अनाथतुलसीकोरघुनाथनेबनायासनाथ

तेरेहमबलिहारी ,तेरेहमबलिहारी,तेरेहमबलिहारी

तुलसीकादीन , दुर्बल , सबकीदयाकापात्र,

उत्तमफलदिएरामउनकातोथास्वाभाव।

अभिमानमेंभूलगयाभूलारामकानामहनुमान

तेरेहमबलिहारी ,तेरेहमबलिहारी,तेरेहमबलिहारी

राम सीता का मैं भी दास, अब बसा बनारस में ,

ना मेरे पीछे कोई रोने वाला , जानते है राम मेरे ।

राम जी ही मेरी पीड़ा दूर करेंगे , मुझे है भरोसा हनुमान

हनुमान हनुमान हनुमान हनुमान

तेरे हम बलिहारी ,तेरे हम बलिहारी,तेरे हम बलिहारी

मेरे स्वामी सीता पति उपदेशक हनुमान , मेरे गुरु हैं शिवजी,

मेरे ही कर्मो का फल मिट गया करो ,मेरी पीड़ा दूर करो ।

रोग के समुद्र को करे गए के खुश्की सामान

हनुमान हनुमान हनुमान हनुमान

तेरे हम बलिहारी ,तेरे हम बलिहारी,तेरे हम बलिहारी । ।

हर्ष विषाद गुण दोष प्रेम ,क्रोध के आप ही कर्ता,

आपके हाथ सब मेरी पीड़ा, दूर करो हनुमान ।

हनुमान हनुमान हनुमान हनुमान

तेरे हम बलिहारी ,तेरे हम बलिहारी,तेरे हम बलिहारी

बाहु और सरीर की पीड़ा सबहु , मारीच मुख तड़का समान ,

प्रेम पूर्वक जप्ता रहा राम नाम , रा और म ने दिया ध्यान ।

दुष्टों को भेदा फल के समान प्रभु राम

जपो राम जपो राम जपो राम जपो राम

तेरे हम बलिहारी ,तेरे हम बलिहारी,तेरे हम बलिहारी

जपो राम जपो राम। जपो राम जपो राम। जपो राम जपो राम।

जो कोई मनुष्य इस हनुमान बाहुक का पाठ करता है उसकी साड़ी पीड़ा काम हो जाती है और वह स्वस्थ हो जाता है।

ॐ हनु हनुमंतय नमः॥

हनुमान चालीसा

श्रीगुरु चरन सरोज रज, निजमन मुकुरु सुधारि। बरनउं रघुबर बिमल जसु, जो दायक फल चारि।।
बुद्धिहीन तनु जानिके, सुमिरौं पवन-कुमार। बल बुधि बिद्या देहु मोहिं, हरहु कलेस बिकार।।

चौपाई
जय हनुमान ज्ञान गुन सागर। जय कपीस तिहुं लोक उजागर।।

राम दूत अतुलित बल धामा। अंजनि-पुत्र पवनसुत नामा।।
महाबीर बिक्रम बजरंगी। कुमति निवार सुमति के संगी।।
कंचन बरन बिराज सुबेसा। कानन कुण्डल कुँचित केसा।।

हाथ बज्र औ ध्वजा बिराजे। कांधे मूंज जनेउ साजे।।
शंकर सुवन केसरी नंदन। तेज प्रताप महा जग वंदन।।
बिद्यावान गुनी अति चातुर। राम काज करिबे को आतुर।।

प्रभु चरित्र सुनिबे को रसिया। राम लखन सीता मन बसिया।।

सूक्ष्म रूप धरि सियहिं दिखावा। बिकट रूप धरि लंक जरावा।।

भीम रूप धरि असुर संहारे। रामचन्द्र के काज संवारे।।
लाय सजीवन लखन जियाये। श्री रघुबीर हरषि उर लाये।।
रघुपति कीन्ही बहुत बड़ाई। तुम मम प्रिय भरतहि सम भाई।।

सहस बदन तुम्हरो जस गावैं। अस कहि श्रीपति कण्ठ लगावैं।।
सनकादिक ब्रह्मादि मुनीसा। नारद सारद सहित अहीसा।।

जम कुबेर दिगपाल जहां ते। कबि कोबिद कहि सके कहां ते।।
तुम उपकार सुग्रीवहिं कीन्हा। राम मिलाय राज पद दीन्हा।।

तुम्हरो मंत्र बिभीषन माना। लंकेश्वर भए सब जग जाना।।
जुग सहस्र जोजन पर भानु। लील्यो ताहि मधुर फल जानू।।
प्रभु मुद्रिका मेलि मुख माहीं। जलधि लांघि गये अचरज नाहीं।।

दुर्गम काज जगत के जेते। सुगम अनुग्रह तुम्हरे तेते।।
राम दुआरे तुम रखवारे। होत न आज्ञा बिनु पैसारे।।
सब सुख लहै तुम्हारी सरना। तुम रच्छक काहू को डर ना।।

आपन तेज सम्हारो आपै। तीनों लोक हांक तें कांपै।।
भूत पिसाच निकट नहिं आवै। महाबीर जब नाम सुनावै।।
नासै रोग हरे सब पीरा। जपत निरन्तर हनुमत बीरा।।
संकट तें हनुमान छुड़ावै। मन क्रम बचन ध्यान जो लावै।।
सब पर राम तपस्वी राजा। तिन के काज सकल तुम साजा।।

और मनोरथ जो कोई लावै। सोई अमित जीवन फल पावै।।
चारों जुग परताप तुम्हारा। है परसिद्ध जगत उजियारा।।
साधु संत के तुम रखवारे।। असुर निकन्दन राम दुलारे।।
अष्टसिद्धि नौ निधि के दाता। अस बर दीन जानकी माता।।

राम रसायन तुम्हरे पासा। सदा रहो रघुपति के दासा।।
तुह्मरे भजन राम को पावै। जनम जनम के दुख बिसरावै।।

अंत काल रघुबर पुर जाई। जहां जन्म हरिभक्त कहाई।।
और देवता चित्त न धरई। हनुमत सेइ सर्ब सुख करई।।
सइकट कटै मिटै सब पीरा। जो सुमिरै हनुमत बलबीरा।।

जय जय जय हनुमान गोसाईं। कृपा करहु गुरुदेव की नाईं।।
जो सत बार पाठ कर कोई। छूटहि बन्दि महा सुख होई।।

जो यह पढ़ै हनुमान चालीसा। होय सिद्धि साखी गौरीसा।।
तुलसीदास सदा हरि चेरा। कीजै नाथ हृदय महं डेरा।।

क्रम-सूची

प्रस्तावना

मैं आज हनुमान बाहुक का सरल हिंदी में अनुवाद कर रही हूँ ,
यह अवधी भाषा में तुलसीदास ने लिखा था , जो की समझने
में थोड़ा कठिन है , इसलिए इस सरल भाषा में लिख रही हूँ।
तुलसीदास जब बिमारी से ग्रसित थे तब उन्होंने हनुमान जी की
आराधना की और उनसे यह प्रार्थना की की वह उन्हें रोगों से
मुक्त कर दें और उनका उद्धार करें